VON: ....

FÜR: ....

Olibär kann einfach nicht einschlafen. Seit einer Stunde wälzt er sich hin und her. Er zieht die Decke hoch bis zum Kinn, und seine Laune wird immer schlechter. »Jetzt liege ich schon eine Ewigkeit im Bett«, denkt er. »Warum bin ich bloß immer noch wach?«

»Und dieser blöde Mond erst«, brummelt er weiter. »Der scheint viel zu hell in meine Höhle.« Aber der Mond ist der Mond – den kann man nicht einfach so ausschalten. Und darum wird Olibärs Laune noch schlechter.

Er zieht seine Decke ein Stück weiter hoch, bis man nur nur noch seine Äuglein sieht. Doch jetzt schauen seine Bärentatzen unter der Decke hervor. Er wackelt ein bisschen mit den Zehen, aber davon wird ein Bär auch nicht müde.

Nachdem er sich noch ein paar Mal hin- und her gedreht hat, steht er schließlich auf und ruft seinen Freund Haseweis an. »Ich kann nicht einschlafen«, sagt er ins Telefon. »Kannst du nicht heute Nacht zu mir kommen?«

>>> Weiter auf Seite 5

Haseweis hat gerade von einem großen Feld Karotten geträumt und hat überhaupt keine Lust, aufzustehen. Aber er weiß, dass sein Freund ihn sonst wieder und wieder anrufen wird. Also verschließt er gähnend die Tür seines Hauses und hoppelt zur Bärenhöhle. Dort freut sich Olibär riesig und gibt dem Hasen eine Decke, damit er auf dem Sofa schlafen kann.

Nach einer Weile fragt Olibär: »Schläfst du schon?«
»Fast«, antwortet Haseweis.
»Schlafe ich schon?«, fragt Olibär weiter.
»Nein«, stöhnt der Hase, »sonst könntest du ja nicht mit mir sprechen.«

Es vergehen ein paar Minuten, und dann hört Haseweis wieder die Stimme des Bären:
»Haseweis, schläfst du schon?«
»Olibär!«, ruft der Hase jetzt schon etwas genervt. »Kannst du nicht mal ein paar Minuten still sein? So kann ja keiner schlafen.«
»Ist ja gut«, brummelt Olibär. »Aber mein Bett ist zu hart.«

Jetzt wird es dem Hasen zu dumm. »Du willst ja gar nicht schlafen!«, ruft er. »Aber meinetwegen, dann suchen wir halt ein paar Blätter und weiches Moos und machen dein Bett so richtig kuschelig.«

>>> Weiter auf Seite 7

Draußen, im Wald vor der Höhle, suchen sie Blätter, weiches Moos und Heu, um das Bett schön bequem zu machen.

Da hört Olibär einen Vogel singen. »Hast du gehört, Haseweis? Da singt eine Lerche. Dann ist es also schon bald Morgen, und es lohnt sich gar nicht mehr, ins Bett zu gehen. Wir könnten doch einen Honigkuchen backen!«

Aber sein Freund weiß wieder einmal alles besser: »Das war die Nachtigall, nicht die Lerche, du Dummerchen. Und die Nachtigall singt in der Nacht, nicht am Morgen. Es ist also Nacht.« Dann hat er eine Idee und nimmt den Bären an der Hand. »Komm, wir suchen die Nachtigall, dann kann sie dir ein schönes Lied singen, bis du einschläfst«, schlägt er ihm vor.

Olibär liebt es, wenn die Vögel singen. Aber er liebt auch Honigkuchen.

WIE WEITER?

Haseweis und Olibär backen einen Honigkuchen.
>>> Weiter auf Seite 9

Die beiden gehen tiefer in den Wald, um die Nachtigall zu suchen.
>>> Weiter auf Seite 39

Voller Freude stürzt sich Olibär in die Küche. Er sieht gar nicht aus wie jemand, der soeben noch schlafen wollte. Er stellt den Honig auf den Tisch, während Haseweis im Kühlschrank Butter und Eier holt.
»Du könntest hier mal ein bisschen aufräumen«, grummelt der Hase.

Während der Bär die Zutaten in einer Schüssel vermischt, sucht Haseweis Salz und Mehl. Aber er kann das Mehl einfach nicht finden.
»Schau mal unter dem Bett!«, ruft ihm Olibär zu.
»Unter dem Bett? Der spinnt doch!«, denkt der Hase und kriecht unter Olibärs Bett. Doch tatsächlich: Ganz hinten, neben einem Paar ausgelatschter Schuhe und alten stinkigen Socken, findet er eine Packung Mehl. »Na, hoffentlich gibt das keinen Käsekuchen«, denkt er, schaut auf die Stinkesocken und hält sich die Nase zu. Dann kriecht er wieder unter dem Bett hervor.

Irgendwann haben sie es geschafft, und ein warmer, frisch gebackener Honigkuchen steht vor ihnen auf dem Tisch.

>>> Weiter auf Seite 11

Es dauert nicht lange, und vom ganzen Kuchen sind nur noch ein paar Krümel übrig. Der größte Teil ist im Bauch von Olibär verschwunden, aber auch Haseweis fand, dass der Kuchen gut war und überhaupt nicht nach Käse geschmeckt hat. Zufrieden und satt legen sich die beiden Freunde wieder hin.

Doch schon kurze Zeit später fragt Olibär: »Haseweis, schläfst du schon?«
»Nicht schon wieder«, seufzt der Hase. »Was ist denn jetzt los?«
»Ich kann nicht schlafen, weil mein Bauch so voll ist«, jammert der Bär.
»Können wir nicht ein bisschen spazieren gehen?«
»Das gibt es ja nicht«, stöhnt Haseweis und verdreht die Augen. »Ich will nicht schon wieder aufstehen«, sagt er zu seinem Freund. »Kannst du nicht einfach Schäfchen zählen? Davon wirst du bestimmt müde.«

WiE WEiTER?

Die beiden stehen wieder auf und machen einen Spaziergang.
>>> Weiter auf Seite 25

Olibär beginnt Schäfchen zu zählen.
>>> Weiter auf Seite 13

1
2
3
4

»Na gut, dann zähle ich halt Schäfchen«, mault Olibär und ist für ein Weilchen still. Aber nur für ein Weilchen. »Haseweis, wie macht man das, Schäfchen zählen?«, fragt er dann seinen Freund.

»Ganz einfach«, erklärt dieser mit einem Seufzen. »Zuerst schließt du deine Augen. Dann stellst du dir eine Wiese voller Schafe vor. Und dann beginnst du, diese Schafe zu zählen.«

Haseweis ist schon fast wieder eingeschlafen, da meldet sich der Bär erneut: »Ich kann mir aber nicht mehr als 10 Schafe gleichzeitig vorstellen.«

»O-li-bär!«, ruft Haseweis. »Du machst mich noch wahnsinnig! Dann zähl halt die gleichen Schafe immer wieder. Oder such dir draußen eine richtige Schafherde.«
Doch kaum hat er das gesagt, bereut er es bereits. Denn Olibär springt sofort aus dem Bett und ruft ganz vergnügt: »Super Idee! Lass uns zum Hügel gehen, zur großen Schafherde mit den 100 Schafen.«

>>> Weiter auf Seite 15

Haseweis würde sich am liebsten selbst eine Ohrfeige geben. »Wieso habe ich meinen Freund nur auf diese Idee gebracht?«, knurrt er zu sich. Doch dann steht er auf und hoppelt dem Bären hinterher zum Hügel mit den Schafen.

Dort angekommen, setzen sich die beiden auf die Wiese, und Olibär beginnt die Schafe zu zählen. »Eins … zwei … drei … vier …«
Mehr hört Haseweis nicht mehr, denn er schläft gleich wieder ein.
Aber nicht für lange. Denn plötzlich rüttelt ihn sein Freund wach und ruft:
»Haseweis, da fehlt ein Schaf! Ich habe dreimal gezählt, und es sind nur 99.«

Schläfrig guckt Haseweis nach links und nach rechts. »Vielleicht hat sich ein Schaf verlaufen«, sagt er und gähnt.
»Dann sollten wir es aber suchen gehen, bevor ihm etwas passiert«, verlangt der Bär.
Nun sind beide wieder hellwach.

Der Hase weiß gar nicht mehr, wie viele Male er diese Nacht schon wieder aufgestanden ist. Aber was soll's? Wenn jemand in Gefahr ist, will er nicht schlafen.

>>> Weiter auf Seite 17

Der Bär und der Hase beginnen überall zu suchen, aber sie können das Schaf nirgends finden. Und so steigen sie im Mondschein immer weiter und höher und sind am Ende ganz außer Atem.

»Ich brauch eine Pause«, japst Olibär und setzt sich auf einen Baumstamm. Plötzlich hören sie ein leises Blöken.
»Hast du das gehört?«, ruft Haseweis und springt auf. »Ich glaube, das kommt von dort, von dieser Felswand.«

Tatsächlich. Mitten in der Felswand, auf einem kleinen Vorsprung, steht das Schaf. Olibär kratzt sich am Kopf. »Ich glaube es hat Angst und traut sich keinen einzigen Schritt mehr zu machen. Wie holen wir es da nur runter?«

»Von hier unten können wir gar nichts machen«, sagt Haseweis. »Wir müssen da hoch.«

WIE WEITER?

Die beiden steigen bis ganz oben auf den Hügel, um das Schaf zu retten.
>>> Weiter auf Seite 21

Olibär hat keine Lust, noch weiter zu klettern, und setzt sich unter der Felswand ins Gras. »Vielleicht haben wir noch eine bessere Idee«, grübelt er.
>>> Weiter auf Seite 19

Die beiden setzen sich also unter die Felswand und denken ganz, ganz fest nach. »Hast du eine Idee?«, fragt der Bär den Hasen nach einer Weile. »Nöö«, antwortet der Hase und schaut zum Schaf hoch, das immer noch weit oben über ihren Köpfen steht.

»Ich glaube, ich bin einfach zu müde für gute Ideen heute Nacht«, gibt Haseweis schließlich zu. Gerade will er noch sagen: »Du weckst mich ja auch die ganze Zeit!«, da fällt ihm ein kleiner Stein auf den Kopf.

Erschrocken schauen beide wieder nach oben und sehen, wie der Felsvorsprung, auf dem das Schaf steht, langsam abbricht. »Oh nein«, ruft der Hase, »gleich fällt das Schaf herunter!«

Immer mehr Steine fallen um sie herum auf den Boden, und plötzlich stürzt auch der Felsbrocken, auf dem das Schaf gestanden hat, in die Tiefe.

Haseweis kann sich gerade noch mit einem großen Sprung in Sicherheit bringen, da purzelt das Schäfchen auch schon herunter.

Doch Olibär ist zu langsam, er kann nicht einmal mehr aufstehen. Das Schaf fällt direkt auf ihn drauf, zusammen mit ein paar Steinen. Zum Glück hat er immer noch einen dicken Bauch vom Honigkuchen, und so landet das Schaf ganz weich.

>>> Weiter auf Seite 23

Als sie den höchsten Punkt erreichen, sehen sie das Schaf ganz nah unter sich. »Und was machen wir jetzt?«, fragt Olibär und kratzt sich wieder am Kopf.

Der Hase schaut sich um und hat eine Idee. »Siehst du diesen Baum da?«, fragt er seinen Freund. »Den umklammerst du mit einer Hand. Mit der anderen Hand hältst du mich fest. So kann ich das Schaf an seinem Halsband packen und du holst uns beide hoch.«

Olibär ist zwar stark, aber er kommt trotzdem ganz schön ins Schwitzen, als er versucht, den Hasen und das Schaf wieder hochzuziehen. »Nur nicht loslassen«, denkt er, und schwitzt noch mehr.

Doch es klappt, und oben angekommen schaut das Schaf die beiden mit großen Augen an. »Danke«, sagt es und zittert am ganzen Körper, weil es so viel Angst gehabt hat.

>>> Weiter auf Seite 23

Haseweis hüpft ganz aufgeregt hin und her und freut sich riesig, dass sie das Schaf retten konnten.
»Na, du kleiner Wollhaufen«, sagt Olibär zum Schaf und nimmt es auf den Arm, »gehen wir zurück zu deiner Herde?«

Das Schaf ist gar nicht so leicht, und darum ist der Bär froh, als sie endlich wieder bei den anderen Schafen ankommen.
Die Schafe blöken vor Freude und bedanken sich überschwänglich.

Doch Olibär bekommt das gar nicht mehr mit. Er ist nämlich vor Erschöpfung auf den Boden gesunken und sofort eingeschlafen.
Die Schafe müssen ein bisschen lachen, aber dann kuscheln sie sich mit ihrer Wolle ganz dicht an den Bären, damit ihm nicht kalt wird.

Haseweis sitzt da und schaut auf seinen schnarchenden Freund. »Das war eine ziemlich mühsame Nacht«, denkt er, während schon die ersten Sonnenstrahlen auf die Wiese scheinen. »Aber Olibär hat ein gutes Herz, und er ist der beste Freund der Welt.«

ENDE

Sie schlendern gemütlich durch den Wald und kommen schließlich an eine Lichtung. Da spürt Olibär plötzlich etwas an seinen Beinen vorbeihuschen. Und gleich noch mal.

Dann hören sie auch schon die Stimme von Mama Fuchs. Sie rennt auf der Lichtung herum und sieht ziemlich böse aus. »Wo habt ihr euch wieder versteckt?«, schimpft sie, »ihr solltet längst im Bett sein.« Sie scheint nach ihren Jungen zu suchen.

Olibär muss lachen. Es ist nicht das erste Mal, dass die kleinen Füchse nicht ins Bett wollen und lieber noch im Wald herumrennen. Er schaut über seine Schulter und sieht, wie sie sich hinter ihm verstecken.

»Pssst«, zischeln die Kleinen und bitten den Bären, sie nicht zu verraten. Haseweis und Olibär müssen so laut lachen, dass die Füchsin sie hört und näherkommt.
»Habt ihr vielleicht meine frechen Kerle gesehen?«, fragt sie.

WIE WEITER?

Olibär nickt und packt mit seinen großen Tatzen die beiden Jungen.
>>> Weiter auf Seite 27

Olibär zwinkert Haseweis zu und tut so, als ob er keine Ahnung hat.
>>> Weiter auf Seite 33

Die jungen Füchse protestieren lautstark und versuchen sich loszuschütteln. Aber wer schon einmal von einem Bären festgehalten wurde, weiß, dass man so viel zappeln kann, wie man will. Ein Bär ist stärker.

Olibär trägt die beiden bis zur Fuchshöhle.
»Helft ihr mir, die Kinder ins Bett zu bringen?«, fragt die Fuchsmama.
»Klar doch!«, ruft Olibär. In diesem Moment würde er sowieso alles machen, um nicht selber ins Bett gehen zu müssen. Aber wie bringt man Füchse ins Bett? Olibär schaut hilfesuchend zu Haseweis.

Haseweis ist sich auch nicht so sicher. Also ruft er einfach mal: »Zähneputzen!«, und dann: »Fell bürsten!« Ganz so, wie es seine eigene Mutter gemacht hat, als er noch klein war.

Und tatsächlich: Die Kleinen gehorchen und stehen bald mit sauberen Zähnen und Schwänzen vor der Fuchshöhle.

>>> Weiter auf Seite 29

Olibär will natürlich auch noch was sagen und ruft: »Aufs Klo gehen!«
Aber alle schauen ihn nur mit großen Augen an.
»Füchse haben kein Klo«, erklärt die Fuchsmama. »Wir gehen einfach hinter
einen schönen, großen Busch.«
»Na gut, dann halt in die Büsche mit euch!«, befiehlt Olibär.

Die Fuchsmama ist ganz zufrieden. »Jetzt fehlt nur noch eine schöne
Gutenachtgeschichte. Kannst du eine erzählen?«, fragt sie Olibär.

Olibär lässt sich nicht zweimal bitten und fängt an: »Es war einmal ein
Bär, der lebte in einem Wald. In diesem Wald gab es auch ein großes,
fürchterliches Monster. Dieses Monster ...«
Aber weiter kommt er nicht. Haseweis und die Fuchsmama rufen beide:
»Olibär! Das ist doch keine Gutenachtgeschichte. Du machst den Kleinen ja
Angst, und dann können sie nicht schlafen.«

Olibär ist ein bisschen enttäuscht, weil er seine Geschichte sehr gut findet.
Aber wahrscheinlich haben sie recht. Er denkt nach, doch es fällt ihm einfach
keine schöne Geschichte ein. Entweder will ein böser Wolf Rotkäppchen
fressen, oder eine böse Hexe sperrt Hänsel und Gretel ein.

>>> Weiter auf Seite 31

»Dann sing doch einfach etwas«, schlägt die Fuchsmama vor.

Das ist eine gute Idee. Olibär legt sich vor den Fuchsbau und beginnt mit seiner tiefen Stimme ein Schlaflied zu singen. Die beiden kleinen Füchse kuscheln sich an ihre Mutter und hören zu.

Vom ruhigen Gesang werden alle immer müder. Der Bär singt noch ein weiteres leises Schlaflied, und den Füchslein fallen langsam die Augen zu. Wer von ihnen wohl als Erster einschläft?

Und dann hört man kein Lied mehr, sondern das Schnarchen von Olibär. »Pssst«, sagt Haseweis. »Kann er hier schlafen?« Aber das hört schon niemand mehr, denn nun ist auch die Füchsin mit ihren Jungen eingeschlafen.

Haseweis hoppelt zufrieden nach Hause. »Endlich ins eigene Bett«, denkt er und gähnt.

ENDE

Olibär versucht die Fuchsmama so unschuldig, wie es nur geht, anzuschauen, aber er ist ein ganz schlechter Schauspieler. Sie merkt, dass etwas nicht stimmt und kommt noch näher.

Als sie schon fast vor Haseweis und Olibär steht, hört der Bär hinter sich ein lautes Rascheln und sieht gerade noch, wie zwei kleine Fuchsschwänze in einem Gebüsch verschwinden.

Jetzt wird die Fuchsmama ziemlich wütend. »Was fällt euch eigentlich ein? Ihr habt auch nur Blödsinn im Kopf! Helft mir wenigstens, die Kinder wieder einzufangen.«

Das finden Olibär und Haseweis eigentlich ganz lustig, und sie springen mit einem großen Satz den beiden Ausreißern hinterher ins Gebüsch.

Aber die kleinen Füchse sind bereits wieder weg. »Huhuuu!«, ruft eine Stimme hinter einem Baum hervor.
»Na wartet«, denkt sich der Bär und rennt hinterher.

>>> Weiter auf Seite 35

So geht das eine ganze Weile. »Huhuuu« hier und »Huhuuu« dort. Aber sie erwischen die beiden Füchslein einfach nicht.
Olibär und Haseweis versuchen sich aufzuteilen, um die beiden von zwei Seiten zu erwischen, aber auch das hilft nichts. Die Freunde sind ganz schön außer Atem.

Und die Fuchskinder? Die rennen immer weiter von der Lichtung weg. Plötzlich merken sie, dass sie schon fast beim Bären zu Hause sind. »Komm, wir verstecken uns in seiner Höhle«, sagt das eine Füchslein zum anderen. »Dort sucht er uns sicher nicht!« Kichernd verschwinden sie in Olibärs Höhle und kriechen unter sein Bett.

Der arme Olibär kann kaum mehr laufen von dem Herumgerenne. Zwar sieht er noch, wie die frechen Kerle in seine Höhle schlüpfen, aber er hat keine Lust mehr auf dieses blöde Spiel. Er stolpert in die Höhle und schleppt sich mit letzter Kraft in sein Bett. »Ich … kann … nicht … mehr …«, murmelt er und schläft ein.

>>> Weiter auf Seite 37

Die beiden Fuchsjungen unter dem Bett schauen sich an. Was jetzt? Vor einem schlafenden Bären davonzurennen macht keinen Spass. Und außerdem haben sie plötzlich auch ein bisschen Angst in dieser dunklen, großen Bärenhöhle.

Als die Fuchsmama bei der Höhle ankommt, muss sie nicht lange suchen. Sofort sieht sie vier Äuglein unter dem Bett hervorblitzen. Sie schnappt sich die beiden Ausreißer und bringt sie laut schimpfend zum Fuchsbau zurück.

Erst jetzt kommt Haseweis bei der Bärenhöhle an. Er bekommt fast keine Luft mehr, weil er überall gesucht hat. Und was sieht er? Einen schlafenden Bären.
»Das gibt's doch nicht!«, japst er und seine Augen funkeln. »Ich renne im Wald herum, und du schnarchst friedlich in deinem Bett?«

Aber er ist selbst viel zu müde, um seinem Freund böse zu sein. Er lässt sich aufs Sofa fallen, und bald schnarchen beide so laut, als ob sie einen ganzen Wald zersägen wollten.

ENDE

Olibär und Haseweis lassen die Blätter und das Moos vor der Höhle liegen und gehen durch den Wald, um die Nachtigall zu suchen.

Aber bald hören sie noch ganz andere Geräusche. Das ist nicht nur eine Nachtigall. Ganz viele Stimmen rufen, lachen und singen wild durcheinander. Es scheint so, als ob der Lärm von unten am See kommt.
Sie schleichen sich vorsichtig näher und linsen durch die Büsche.
»Das ist ja eine Riesenparty!«, freut sich Olibär und hat schon ganz vergessen, dass er eigentlich schlafen wollte.

In diesem Moment werden sie von der Nachtigall entdeckt. »He, Freunde!«, ruft sie. »Kommt her und feiert mit! Heute habe ich Geburtstag«
Das lassen sich Olibär und Haseweis nicht zweimal sagen und sie hüpfen direkt in das bunte Durcheinander.

>>> Weiter auf Seite 41

Die Party ist toll. Immer wieder treffen Olibär und Haseweis auf alte Bekannte. Es scheint so, als ob der ganze Wald heute Abend zu Besuch ist.

Zum Essen gibt es Kuchen mit Waldbeeren, gegrillte Karotten, Mooskekse und frisches Quellwasser mit Zitronen.
»Olibär«, flüstert Haseweis, »iss nicht alles auf. Lass noch etwas für die anderen übrig!« Aber Olibär tut so, als ob er seinen Freund nicht gehört hat, und stopft sich noch mehr Kekse in den Mund.

Später plaudern sie mit den anderen Gästen. Besonders mit Herrn und Frau Fuchs gibt es immer viel zu tratschen.
Während sie zusammen lachen, hören sie plötzlich laute Musik von der Bühne weiter hinten im Wald.

»Olibär!", ruft der Fuchs ganz aufgeregt. »Das ist Karaoke, und du singst doch so gern. Geh auch auf die Bühne!«
»Ich weiß nicht", sagt der Bär. »Eigentlich bin ich viel zu müde zum Singen.«

WIE WEITER?

Olibär geht auf die Bühne.
>>> Weiter auf Seite 43

Die beiden haben genug und gehen nach Hause.
>>> Weiter auf Seite 45

O-li-bär! O-li-bär! O-li-bär!«, rufen alle begeistert, während Olibär auf die Bühne klettert.

Olibär weiß nicht, ob er gut singen kann. Aber das spielt keine Rolle, denn Bären können super tanzen. Er wackelt mit seinem Hintern, und die anderen Tiere kreischen vor Vergnügen. »Dancing Queen!«, rufen sie lachend und kreischen noch lauter.

Alle wollen eine Zugabe, und dann noch eine, und noch eine. Aber irgendwann reicht es Olibär, und er gibt das Mikrofon an das Reh weiter. Außerdem fällt ihm sowieso kein Lied mehr ein.

Als der Bär zurück bei seinem Freund ist, strahlt Haseweis ihn an. »Ich bin so stolz auf dich! «, sagt er. »Das hast du super gemacht!«

WIE WEITER?

Haseweis und Olibär machen noch ein bisschen Party.
>>> Weiter auf Seite 41

Die beiden haben genug und wollen nach Hause.
>>> Weiter auf Seite 45

Ho NeY

Schliesslich haben Olibär und Haseweis genug, denn auch die schönste Party geht irgendwann zu Ende. Die beiden Freunde verabschieden sich und umarmen die anderen Gäste. Obwohl, allzu fest umarmen darf Olibär sie nicht, denn ein Bär ist groß und hat viel Kraft. Und so eine Nachtigall ist nun mal viel kleiner.

Auf dem Heimweg singen und hüpfen die beiden weiter. Olibär tanzt herum und versucht, über einen großen Stein zu springen. Aber weil er doch schon ein bisschen müde ist, stolpert er und fliegt auf die Nase.
Haseweis muss furchtbar lachen. »Geh du jetzt zu deiner Höhle«, sagt er, »und ich gehe zu meinem Haus. Ich bin sicher, dass du gut schlafen kannst.«

Und tatsächlich: Als Olibär zu Hause ankommt, ist er so erschöpft, dass er noch vor der Höhle auf den Boden plumpst und einschläft. Dabei träumt er von einem großen Topf Honig. Aber das ist dann wieder eine ganz andere Geschichte.

ENDE

UELI SONDEREGGER

Ueli ist Vater von drei Kindern, für die er sich immer wieder Geschichten ausdenkt. Geschichten von Bären, Hasen, kleinen Hippiehexen, Robotern und anderen manchmal etwas verrückten Gestalten.

Er hat digitale Spiele und Kulturwissenschaften studiert und lebt in der Schweiz in der Nähe von Zürich.

pitanga.info/de/ueli

ANHELINA STEPANOVA

Seit ihrer Kindheit malt Anhelina mit Leidenschaft. Während dem Studium hat sie dann angefangen, Bücher zu illustrieren. Zudem unterrichtet sie Kinder in einem Malstudio.

Sie hat Architektur studiert und lebt in Kiew in der Ukraine.

pitanga.info/de/anhelina

Ueli Sonderegger (Text) und Anhelina Stepanova (Illustrationen): »Olibär kann nicht schlafen«
Verlag: Pitanga, Müllerwis 18, CH-8606 Greifensee. Internet: pitanga.info
Buch- und Umschlaggestaltung: Ueli Sonderegger. Lektorat: Anya Lothrop, www.lektoratte.net

ISBN 978-3-907419-02-1 / #01

HAT DIR DIE GESCHICHTE VON OLIBÄR GEFALLEN?

Weitere Bücher von Olibär und seinen Freunden findest du unter
pitanga.info/de/olibaer

OLIBÄR ZUM AUSMALEN

Mehr dazu unter pitanga.info/de/olibaer/ausmalen